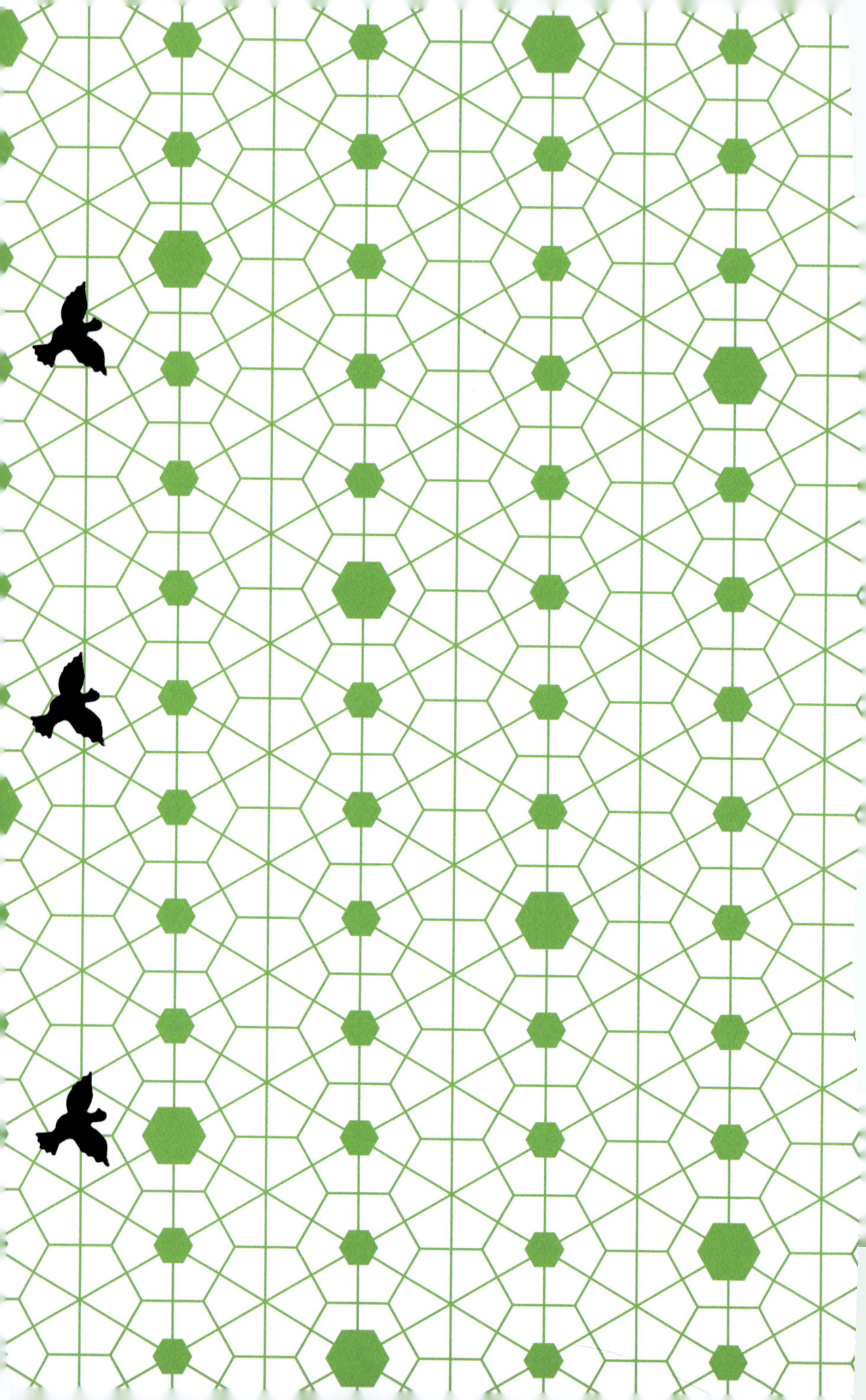

LIRE,
À QUOI BON ?

À mes parents

M. G.

Philophile!

Collection dirigée par Claire Marin

Gallimard Jeunesse Giboulées
Sous la direction de Colline Faure-Poirée et Hélène Quinquin
Direction artistique : Syndo Tidori • Édition : Patricia Guédot
Fabrication : Victoria Juillard-Huberty • Gravure : IGS-CP

ISBN : 978-2-07-512448-5 • Dépôt légal : mars 2020
N° d'édition : 346851 • Loi n° 49956 du 16 juillet 1949
sur les publications destinées à la jeunesse
Imprimé en Espagne par Edelvives
Le papier de cet ouvrage est composé de fibres
naturelles, renouvelables, recyclables et fabriquées
à partir de bois provenant de forêts gérées durablement

PEFC PEFC/14-38-00260

Martine Gasparov

Dessins d'Alfred

LIRE, À QUOI BON ?

GALLIMARD

Sommes-nous nés pour lire et écrire ?

S'il n'est pas rare d'entendre que « les gens lisent de moins en moins », il faut bien reconnaître que nous passons nos journées le nez souvent penché sur nos portables. Mais qu'est-ce que lire ? Est-ce simplement déchiffrer et comprendre les mots que l'on a sous les yeux ? Quelles opérations intellectuelles et affectives sont mises en jeu ? Pourquoi faudrait-il lire des livres ? Pourquoi s'imposer désormais une activité qui peut paraître lente et fastidieuse en comparaison des multiples occupations divertissantes qu'offrent les nouvelles technologies ?

La lecture est intégrée à nos pratiques quotidiennes, à l'organisation de nos sociétés et à la manière dont nous échangeons et travaillons. Pourtant aucun gène spécifique n'est à l'origine de cette disposition, et l'apprentissage de la lecture ne va pas de soi, contrairement à celui de la marche. Liée à l'apparition de l'écriture et au passage de la préhistoire à l'histoire, vers 3500 av. J.-C., la lecture est un phénomène assez récent pour l'humanité. Mais si l'écriture est une invention majeure, on ne peut pas la mettre sur le même plan que les autres techniques, la roue ou l'électricité par exemple, même si elles ont été d'un apport capital. Qu'est-ce qui fait donc son originalité ?

Lire et écrire : un défi au temps et à l'espace ?

Au premier abord, l'écriture est un outil pratique pour fixer dans le marbre les paroles qui sont fugaces ; « *verba volant, scripta manent* », disaient les Latins : les mots s'envolent, les écrits restent. Ils sont un véritable défi au temps qui passe puisqu'ils permettent de mettre à l'abri de la destruction et de l'effacement un patrimoine précieux et donnent à lire pour la postérité ce qui, sans eux, disparaîtrait avec leurs auteurs. C'est en déchiffrant les

hiéroglyphes que Champollion a permis de mettre au jour la civilisation égyptienne jusque-là peu connue. Les peuples sans écriture s'inscrivent, quant à eux, dans une temporalité plus courte et fragile : ils se caractérisent par une tradition orale, dont le passé est véhiculé par la parole des anciens, soumise aux caprices et à la faillibilité de la mémoire humaine, voire à l'oubli.
Lire est aussi une manière de défier l'espace. Si la parole est toujours destinée à un interlocuteur particulier dans un contexte singulier, le texte écrit s'affranchit, selon le philosophe Paul Ricœur, de « la condition dialogale du discours » : d'une situation de dialogue et d'expression spécifique, mais aussi d'un contexte historique et géographique déterminé.
L'écriture confère à ce qui est lu une certaine autonomie, une certaine universalité. La pensée de l'auteur est présentée pour elle-même, livrée à un grand nombre de lectures et d'interprétations.

Un outil d'organisation et de contrôle ?

Pour autant, l'écriture n'est pas un simple doublet visuel de la parole, comme les peintures figuratives seraient la copie ou la reproduction de la réalité. Les premiers écrits ne sont d'ailleurs pas des textes en prose ou des récits, mais des tableaux et des listes permettant de classer, d'organiser et de développer ainsi des manières nouvelles de poser et de résoudre des problèmes : contrôler les réserves, inventorier des ressources, anticiper des pénuries… Avec l'écriture, le problème de la mémorisation cesse aussi de dominer la vie intellectuelle, et l'esprit des hommes se rend disponible pour d'autres opérations mentales. L'écriture accroît les possibilités de jeu sur les éléments de la langue et de la pensée : elle permet la décomposition et l'analyse, l'élaboration synthétique et la construction, comme en géométrie par exemple.

Selon **Jack Goody**, anthropologue britannique, l'écriture a contribué à transformer

nos manières de penser et de réfléchir, mais aussi d'organiser et de développer nos sociétés : « [Elle] est la base même de notre civilisation [...]. N'y voir qu'un aspect secondaire de la révolution des communications [comme l'invention de l'imprimerie au XVe siècle], c'est sous-estimer son rôle absolument décisif dans la création de notre civilisation. »
Mais l'écriture et la lecture sont surtout un enjeu de pouvoir. C'est ce qu'a montré l'anthropologue Claude Lévi-Strauss, en racontant un incident survenu chez les Nambikwara, tribu amérindienne étrangère à toute forme d'écrit. Après leur avoir distribué des feuilles et des crayons, il constata que, loin de dessiner, les membres de la tribu se contentèrent de tracer des lignes sinueuses, imitant ce qu'il écrivait lui-même dans ses carnets. Leur chef, après un moment d'hésitation, se leva et, faisant mine de lire ce qu'il avait gribouillé, tenta de négocier avec Lévi-Strauss un échange d'offrandes et de marchandises. Ayant en effet

GAUCHE ?
GAUCHE
GAUCHE !
GAUCHE

rapidement saisi la valeur symbolique de l'écriture et son pouvoir, il voulait faire croire ainsi qu'il la maîtrisait : « Il ne s'agissait pas de connaître, de retenir ou de comprendre, mais d'accroître le prestige et l'autorité d'un individu — ou d'une fonction — aux dépens d'autrui. » Celui qui sait lire est généralement celui qui possède le savoir, mais il est aussi habilité à détenir le pouvoir, dans la mesure où il a une certaine « prise » sur les choses et sur les hommes.

Pourquoi apprendre à lire ?

Dans une société sans écriture, l'analphabétisme — l'incapacité à lire par manque d'apprentissage — n'est évidemment pas un problème puisque personne n'a accès à des textes. Mais, dans une société fondée sur l'écrit, il est essentiel de savoir lire. Comment naviguer sur les réseaux sociaux quand on ne sait pas lire ? Comment trouver un stage, un emploi quand on ne sait ni consulter les petites annonces ni écrire une lettre de motivation? Comment bien se soigner si on ne peut pas lire les notices des médicaments? Comment se déplacer si on ne sait pas déchiffrer une carte?

> **Une personne illettrée est vulnérable et dépendante.**

Une personne illettrée — qui est allée à l'école mais n'est pas parvenue à une bonne maîtrise de la lecture et de l'écriture — est vulnérable et dépendante. En cherchant souvent à dissimuler son incapacité par des stratégies de contournement, elle peut éprouver un profond malaise et une grande solitude sociale. En France, environ 1/10e de la population est en situation d'illettrisme et a du mal à participer à la vie sociale et politique; le développement d'Internet, où la plupart des opérations impliquent une maîtrise de la lecture, accentue cette forme d'exclusion. Savoir lire, c'est donc faire partie intégrante de la société, mais aussi gagner

une forme d'indépendance et de liberté dans ses choix et dans ses actes. C'est pourquoi la lecture, au même titre que l'écriture et le calcul, est une étape décisive et fondamentale dans l'éducation des enfants.

Lire, mais pour quoi faire ?

L'écriture et la lecture marquent le passage de la première enfance à « l'âge de raison » ; c'est généralement à sept ans qu'on apprend à lire. Mais lire, ce n'est pas simplement être capable d'épeler les mots ou de déchiffrer les signes imprimés, c'est surtout acquérir les outils nécessaires à un jugement éclairé. Lire, c'est s'instruire (du latin *instruere* : donner les outils ; pourvoir à ce qui est nécessaire). Si l'on apprend beaucoup dans les livres, encore

faut-il apprendre à *bien* lire. La lecture n'est pas un enregistrement passif d'informations, un remplissage de connaissances comme « qui verserait dans un entonnoir », selon **Montaigne**, mais un processus de « digestion », de transformation et d'assimilation qui prend son temps. Lire et comprendre une œuvre par exemple, ce n'est pas seulement être en mesure de répéter ce que l'auteur a écrit, c'est s'arrêter dans sa lecture et pouvoir reformuler une pensée, en saisir les enjeux, les implications, les difficultés, et en rendre compte par soi-même.

Lire, c'est parvenir à cette transformation intérieure qui permet de faire sien (de « comprendre » au sens littéral) ce qu'on reçoit initialement d'autrui, telles les abeilles qui butinent les fleurs et en font leur miel, et parvenir ainsi à un jugement autonome. Les lectures passives sont stériles si elles ne sont pas accompagnées d'une maîtrise et d'un jugement réflexif sur les connaissances que l'on possède pour mieux penser et agir dans la vie courante. Lire permet à l'homme de devenir plus savant, mais surtout plus sage. Autrement dit, la lecture est une recherche et une méditation constante ; et celui qui croit trouver des vérités toutes faites dans les livres et se dispenser ainsi de penser par lui-même se trompe lourdement. Pour le philosophe allemand **Emmanuel Kant**, les Lumières (courant de pensée du XVIIIe siècle) consistent à s'affranchir, avec courage et détermination, de toute forme de direction mentale ou intellectuelle, à laquelle les hommes sont pourtant attachés.

« Si j'ai un livre qui me tient lieu d'entendement », pourquoi me donner la peine de penser par moi-même ? C'est la paresse (cela demande des efforts) et la lâcheté intellectuelle (se montrer responsable de ses jugements et de ses erreurs n'est pas évident) qui nous conduisent à nous réfugier dans les préjugés ou l'autorité des « tuteurs ». La lecture peut donc devenir dangereuse quand, au lieu de nous éveiller à la vie personnelle de l'esprit, elle s'y substitue. Le livre fait écran à la pensée quand il l'immobilise et qu'il empêche son mouvement de réflexion ou, comme le dit le penseur du XXe siècle Maurice Blanchot, sa « danse légère » autour des textes, véritables « partenaires » de ballets intellectuels.

La lecture : corvée ou plaisir ?

On aurait tort de réduire les livres à un simple outil d'apprentissage. Ce serait même le meilleur moyen de dégoûter les enfants de la lecture. Quel plaisir pourtant de s'immerger dans une saga, de se cacher, la nuit, sous les draps, une lampe à la main, pour suivre les aventures de nos héros préférés ! Pour l'écrivain Daniel Pennac, le livre, c'est le refuge « contre le crépitement de la pluie, le silencieux éblouissement des pages contre la cadence du métro, le roman planqué dans le tiroir

de la secrétaire, la petite lecture du prof quand planchent ses élèves, et l'élève de fond de classe lisant en douce, en attendant de rendre copie blanche... ». Les émotions sont si intenses et la proximité avec les personnages si forte qu'il est parfois difficile de s'arrêter !
Lire, c'est à la fois frissonner, se faire peur, rêver, espérer, redouter, détester, aimer : cette palette de sentiments que l'on retrouve dans toutes sortes de lectures — polars, fantasy, poésie, grands classiques... On peut aussi

« souffrir » en lisant un texte qui ne nous « parle » pas. Mais souvent, quelques années plus tard, ce qu'il avait de juste et de savoureux nous apparaît comme une évidence, et l'on se délecte plus encore de ce qu'il a de singulier et de précieux.

Les livres qu'on a aimés restent des compagnons fidèles tout au long de notre vie. On peut les perdre de vue ou les oublier, mais ils ne sont jamais vraiment loin, car ils portent en eux une partie de nos souvenirs, voire de nous-même. Ce qu'ils laissent en nous, outre l'histoire qu'ils racontent, ce sont les lieux et les jours où nous les avons lus, et les souvenirs de l'enfant que nous avons été, voire le visage des amis qui nous ont incités à les lire.

Le livre, prison ou évasion ?

Lire un livre implique d'interrompre mes activités, souvent aussi de changer de posture, de m'asseoir, de prendre du temps et délaisser tout ce qui m'entoure — de me fermer momentanément au monde et à son agitation pour m'ouvrir à ce que je vais lire. En ce sens, la lecture est un seuil : on ouvre un roman comme on ouvre une porte et on entre dans une voix, une histoire comme dans une maison inconnue. Pour peu que je sois happé par l'ouvrage qui est entre mes mains, se produit un phénomène étrange : je *perds* mon corps et je m'oublie ; je me *perds* dans le texte et le monde de ce que je lis, j'oublie les autres et tout ce qui m'entoure. Mais, selon le philosophe romain **Sénèque**, lire, c'est aussi « pouvoir [m]'arrêter et [m]'attarder avec [moi] ». Donc, tout en étant écarté de moi-même, je me trouve paradoxalement au plus près de moi-même. Pour **Marcel Proust**, « par l'art [et la lecture] seulement, nous pouvons sortir de nous, savoir ce que voit un autre de cet univers qui n'est pas le même que le nôtre et dont les paysages nous seraient restés aussi inconnus » que ceux d'une planète lointaine.

Et c'est en ce sens que la lecture me modifie ou qu'elle modifie ma perception du monde. Le livre est comme une paire de lunettes ou un prisme que l'on accommode à sa manière afin de mieux voir en soi et autour de soi ce que, sans lui, on n'aurait jamais vu en ou par soi-même. Il permet ainsi de caractériser ses propres désirs, de mieux comprendre ses aversions ou d'affiner ses émotions, par ce décentrement et cet accès prodigieux à la conscience d'autrui.

> **« La lecture me modifie et elle modifie ma perception du monde. »**

C'est ce que suggère aussi **Machiavel**, penseur italien de la Renaissance, quand, dans un moment de désespoir, il se tourne vers les anciens : « Je me plonge dans la lecture de leurs amours et leurs amours me rappellent les miennes. » C'est cette conversation intime entre l'auteur et le lecteur, ce dialogue entre deux formes d'expérience amoureuse, qui est essentiel. Une bonne lecture, ce n'est pas tant le commentaire

que je vais produire sur ce que je lis, que la manière dont elle me permettra de formuler ou plutôt de configurer intérieurement ma propre expérience, ma mémoire, mon jugement, mes sentiments, à partir de ce double mouvement de distance et d'identification par rapport à d'autres vies que la mienne.
La sagesse des auteurs finit là où doit commencer la nôtre. Selon Proust, « c'est au moment où ils nous ont dit tout ce qu'ils pouvaient nous dire qu'ils font naître en nous le sentiment qu'ils ne nous ont encore rien dit ». C'est donc à nous d'aller plus loin dans la recherche de la vérité. La lecture n'est, en cela, qu'une initiation à la vie spirituelle. Elle peut nous y introduire, mais ne la constitue pas.
Le texte est cette passerelle entre deux rives qui nous permet des allers-retours incessants entre des expériences de vie différentes, nous apprenant à mieux voir et à mieux réfléchir. Loin d'être passive, la lecture est une activité psychique intense !

**Ouvrez le livre tout grand.
Laissez-le rayonner, laissez-le faire.
[...] mettez des livres partout ;
enseignez, montrez, démontrez ;
multipliez les écoles ; les écoles
sont les points lumineux de
la civilisation.**

Victor Hugo

La lecture : une activité solitaire ?

Plus généralement, lire, c'est apprendre à vivre avec les autres. La lecture fait partie d'un acte important que le philosophe Alain appelle la « commémoration ». Il ne suffit pas de naître homme pour pouvoir ou savoir vivre avec les autres. En lisant, nous nous souvenons de ce que d'autres avant nous ont fait de grand, de beau, de mémorable. Et nous conservons précieusement ces apports de l'humanité dans les livres. Il ne s'agit pas simplement de stocker des documents, mais de les garder en mémoire — une mémoire collective qui constitue aussi mon histoire singulière. Si je suis ce que je suis, c'est en raison d'une situation de vie particulière et de décisions individuelles, mais c'est aussi le résultat de ce qu'ont fait et décidé ceux qui m'ont précédé — ceux par exemple qui ont « résisté » à l'occupation allemande pour que nous restions libres. Conserver le passé dans les bibliothèques, c'est donc le faire revivre par nos lectures successives, se cultiver pour comprendre d'où l'on vient et qui l'on est.

La culture, c'est quoi exactement ?

Lire les œuvres du passé permet aussi de s'inspirer de ces grands esprits qui nous ont précédés, d'entretenir la mémoire de leur apport pour l'humanité, de prendre soin de ce que ces génies ont légué à leurs semblables. C'est ça, la culture, du moins dans son sens premier : « veiller scrupuleusement sur quelque chose, en prendre soin ».
Se cultiver, c'est aussi leur rendre un... culte. Comment faire des sciences aujourd'hui, sans prendre appui sur les découvertes de **Galilée**, **Newton**, **Descartes** et tous les scientifiques qui nous ont précédés ? « Se mettre à l'ombre des grands hommes », comme dit Alain, ce n'est pas faire taire sa propre originalité, bien au contraire. **Racine** aurait-il pu écrire de si belles tragédies s'il avait méconnu l'Antiquité

Sénèque
HUGO
DURAS
SAGAN
DURAS
Tome 1
V. HUGO
SENEQUE
SAGAN

gréco-romaine ? *Matrix* aurait-il pu voir le jour sans l'allégorie de la caverne de Platon et tous les mythes anciens auxquels ce film fait allusion ? Mais faire de la science, lire Racine, voir *Matrix* ne prend vraiment de sens que si nous aussi, nous savons d'où viennent ces œuvres, autrement dit si nous sommes cultivés nous-mêmes. Le passé culturel est ce qui anime mon présent, ce qui fait qu'il est ce qu'il est, ce qui lui donne du sens. Le faire revivre en lisant, c'est le comprendre, prendre appui sur lui pour construire l'avenir. Que répondre alors à ceux pour qui la culture n'est qu'un « vernis inutile » et la lecture une perte de temps ? Il suffit d'imaginer ce que serait l'homme sans culture, sans livres, sans « commémoration » des grands esprits du passé, pour voir que le passé culturel est le fondement même de notre présent, de notre société.

« Le passé culturel est ce qui anime mon présent, ce qui lui donne du sens. »

Supposons que les hommes ne lisent plus du tout ces grandes œuvres, qu'ils oublient « ces grands souvenirs, ces poèmes, cette langue ornée » (Alain) : ils deviennent alors des êtres vivant dans l'immédiateté, totalement détachés du passé comme du futur. Ils ne savent ni se projeter dans l'avenir, ni effectuer un retour sur les actions passées. Chacun ne se préoccupe que de lui-même dans le moment présent et se limite à sa simple survie en obéissant à des besoins primaires ; il peut réagir à certaines sensations de peur, de colère, de tristesse ou de joie, auxquelles son corps est soumis, mais il est incapable de penser, de réfléchir par lui-même, ou de faire une action qui n'ait pas été commandée par un stimulus extérieur. S'il n'a pas conscience de ce que peuvent lui apporter ses semblables, il ignore que d'autres avant lui ont eu de grandes idées. Il est donc incapable d'en tirer profit ou de les perpétuer, au risque de ne rien pouvoir transmettre aux générations qui le suivent.

Une lecture bien menée sauve de tout, y compris de soi-même.

Daniel Pennac

L'oubli de ce passé équivaut finalement pour l'homme à un oubli de son humanité. Sans culture, il devient un être fermé sur lui-même, ne se préoccupant que de ses propres besoins. D'où l'importance de la mémoire que l'on trouve dans les livres, les musées ou les monuments qui entretiennent ce lien avec l'expérience passée des hommes. C'est grâce à cette mémoire qu'on peut construire son identité et s'affirmer en tant qu'être humain. La culture est comme le fil directeur de l'histoire des hommes, ce sur quoi ils doivent prendre appui pour vivre et progresser.

Une crise de la lecture ?

Mais la culture est « en crise », pour reprendre l'expression de la philosophe **Hannah Arendt** dans la deuxième moitié du XXe siècle. La société moderne est devenue une société de consommateurs « où le temps du loisir ne sert plus à se perfectionner, mais à consommer de plus en plus [...]. L'attitude de la consommation implique la ruine de tout ce à quoi elle touche ». Le livre lui-même est devenu un « produit culturel », une marchandise avant d'avoir une valeur spirituelle. Si les éditeurs sont friands de « best-sellers », ce n'est pas tant pour ce qu'ils peuvent apporter à l'humanité que pour le profit qu'ils génèrent.

> **“ Le livre lui-même est devenu un produit culturel, une marchandise... ”**

Alors que la culture, dans sa dimension contemplative, désintéressée et intemporelle, fait référence à une pérennité dépassant le seul cadre de la vie d'un individu, la modernité favorise les biens de consommation, commercialisables, échangeables, rentables et donc éphémères et périssables. Amalgamant la culture et le loisir, la société de consommation a transformé l'objet culturel en un divertissement passager. Les livres qui se vendent le mieux sont d'ailleurs souvent les plus distrayants, les plus faciles à lire :

ceux qui suscitent aussi le moins l'effort de la pensée et qui sont vite oubliés.
La culture en général et le livre en particulier se résumeraient ainsi à leur valeur d'usage, liée à une mode ou une époque. Or, se cultiver ne signifie pas simplement s'intéresser à l'art ou avoir lu beaucoup de livres, mais être capable de juger et de décider de la valeur des productions humaines, d'une manière politique, c'est-à-dire d'un point de vue qui dépasse ma personne et mes intérêts : pour être ainsi « quelqu'un qui sait choisir ses compagnons parmi les hommes, les choses, les pensées, dans le présent comme dans le passé » (Hannah Arendt) et construire un monde digne d'être habité.
Le goût pour la lecture n'est donc pas un penchant comme un autre, comme on en a pour les voyages ou la randonnée. La littérature est une expérience de vie capable de transformer intérieurement celui qui la fait et le rend apte à s'accorder à la splendeur du

monde, à participer à son accroissement, son renforcement. Le mot « auteur » vient d'ailleurs d'un verbe latin qui signifie « augmenter, accroître ». Ainsi, comme le rappelle **Danièle Sallenave**, « on devrait toujours se déterminer en faveur de ce qui augmente et non de ce qui restreint, en faveur de la *création* et [...] de ce qui accroît la capacité de créer, assure la vie de l'esprit, la vie avec la pensée ».

Internet, remède ou poison ?

En ce sens, la lecture ne peut pas être une « pratique culturelle » comme une autre, ni simplement une manière agréable de passer le temps. Et l'apparition du numérique nous invite à rester vigilant sur ce point. Si l'ordinateur est un terrain de jeux et de divertissements, grâce à Internet, il donne aussi accès à des rayonnages de livres infinis : telle la bibliothèque de Babel imaginée par l'écrivain argentin **Jorge Luis Borges**, composée de tous

On aime toujours un peu à sortir de soi, à voyager, quand on lit.

Marcel Proust

les livres possibles, comprenant toutes les combinaisons imaginables de symboles, et cela dans toutes les langues.

Mais si cette technologie nouvelle met à notre portée tous les livres, toutes sortes de documents, en sont-ils pour autant plus « accessibles » ? Dans le *Phèdre* de Platon, philosophe grec de l'Antiquité, Theuth, inventeur de génie, assure au roi Thamous qu'il a enfin trouvé un remède contre l'oubli en inventant l'écriture, à savoir le moyen de soulager la mémoire humaine en l'« extériorisant » hors de notre esprit, dans les écrits. Si Thamous loue l'ingéniosité de Theuth, il relève aussi les effets pervers de

son invention : en dispensant la conscience humaine de cet effort intellectuel, elle contribue à produire une mémoire défaillante et appauvrie, et une illusion de savoir. L'écriture conserve les connaissances des anciens et nous dispense de tout retenir, mais l'esprit paresseux peut oublier de réfléchir par lui-même, confiant passivement aux livres sa mémoire et l'activité de réflexion qui est liée. Si l'écriture est ce qu'on appelle en grec un *pharmakon*, à la fois remède et poison, le numérique en est un autre à plus d'un titre : il constitue une banque de données fascinante, plus efficace et plus pratique que les livres,

Ceux qui savent lire voient deux fois mieux.

Ménandre

mais le nombre vertigineux d'informations peut facilement nous submerger et nous égarer intellectuellement. Comment dorénavant distinguer le faux (ou le *fake*) du vrai, et bien comprendre ce qu'on lit ? Quand on navigue sur la toile, il nous arrive de nous perdre parce qu'on a du mal à mettre en lien et à articuler le flot de données et de connaissances. Ce qui nous désoriente, c'est que la lecture n'est plus linéaire (comme dans un livre qu'on suit au fil des pages), mais arborescente (de clic en clic, on peut s'égarer dans des ramifications complexes) ; quand on surfe sur le web, on éprouve parfois aussi des difficultés à savoir ce qui est important et ce qui ne l'est pas, ce qui est fiable ou non.

Vers une « raison numérique » ?

Si le numérique est un outil formidable, il opère aussi, selon le philosophe **Bernard Stiegler**, une véritable « prolétarisation » de l'homme

— une idée développée par Karl Marx au XIXe siècle qui renvoie aux conditions de travail des ouvriers et signifie que l'homme est asservi à la machine sur laquelle il travaille, mais surtout dépossédé de son savoir-faire. Ce qui se joue en effet avec le numérique, ce n'est pas seulement l'extériorisation de la mémoire (comme c'était le cas avec l'écriture), mais celle d'autres capacités de raisonnement, telles la déduction, la faculté d'analyser ou de synthétiser des données. Les algorithmes sont désormais capables de « penser » pour nous. En développant le numérique et en s'y fiant passivement ou aveuglément, les hommes semblent se condamner à deux choses.

« Si le numérique est un outil formidable, il opère une forme de dépossession de soi. »

D'une part, à ne plus réfléchir de façon autonome, à perdre des facultés ou des dispositions acquises, comme la concentration. Exigée par la lecture, elle est un véritable effort psychique

s'inscrivant dans la longueur et la lenteur, mais elle est sans cesse mise en question par la fragmentation, la rapidité et la facilité des opérations liées aux technologies modernes. Comment, sur mon écran, puis-je me concentrer sur un texte exigeant si je suis constamment interrompu(e) par des mails ou sollicité(e) par des publicités alléchantes ?
D'autre part, en laissant le soin aux algorithmes et à toutes formes d'intelligence artificielle de faire les opérations complexes et fastidieuses, les hommes choisissent délibérément de laisser les machines orienter leurs choix, mais aussi menacer leur capacité d'initiative et d'imagination, leur liberté et même leurs désirs. Quand tout est préprogrammé en fonction de mes habitudes, qu'il s'agisse de trajets à emprunter, de musiques à écouter ou de films à regarder, comment savoir encore exactement ce que je désire ?
Jack Goody parlait de « raison graphique » (du grec *graphein* : écrire) pour évoquer les

modifications profondes que l'écriture avait opérées sur les civilisations. Aujourd'hui on pourrait parler d'une « raison numérique » (qui calcule, optimise, rationalise), encline à transformer la société humaine en profondeur, à modifier le rapport de l'homme à autrui, mais aussi à lui-même, à ses propres sentiments et à sa manière de penser.

Pour autant, l'homme a cette capacité à ne pas se laisser réduire à ce qu'il a pourtant contribué à développer et qu'il ressent désormais comme une menace. Si le numérique nous conduit à une logique calculatoire et technique de plus en plus grande, la conscience humaine conserve sa capacité à se déterminer raisonnablement : à faire des choix en fonction de critères affectifs et moraux qui font justement son humanité, sa beauté et sa fragilité, sa grandeur et sa richesse.

Et c'est en cela précisément que la lecture demeure un enjeu social et existentiel fondamental, une occasion sans cesse renouvelée

On ne devrait lire que des livres qui vous mordent et vous piquent...

Franz Kafka

de réfléchir à qui l'on veut être et à la société dans laquelle on veut vivre.
La lecture « relève » la vie, au sens où le sel relève un plat pour lui donner un goût plus savoureux, mais surtout elle nous élève, nous hisse vers ce que nous pouvons être de meilleur.

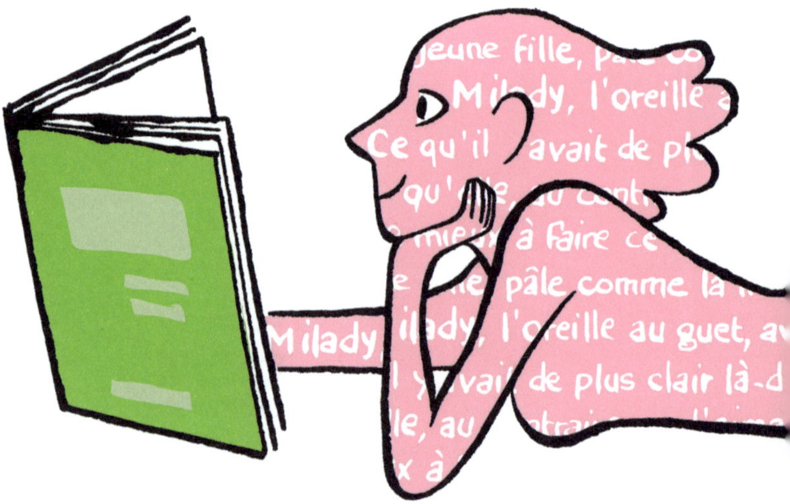

c'est que d'Artagnan aimait Milady

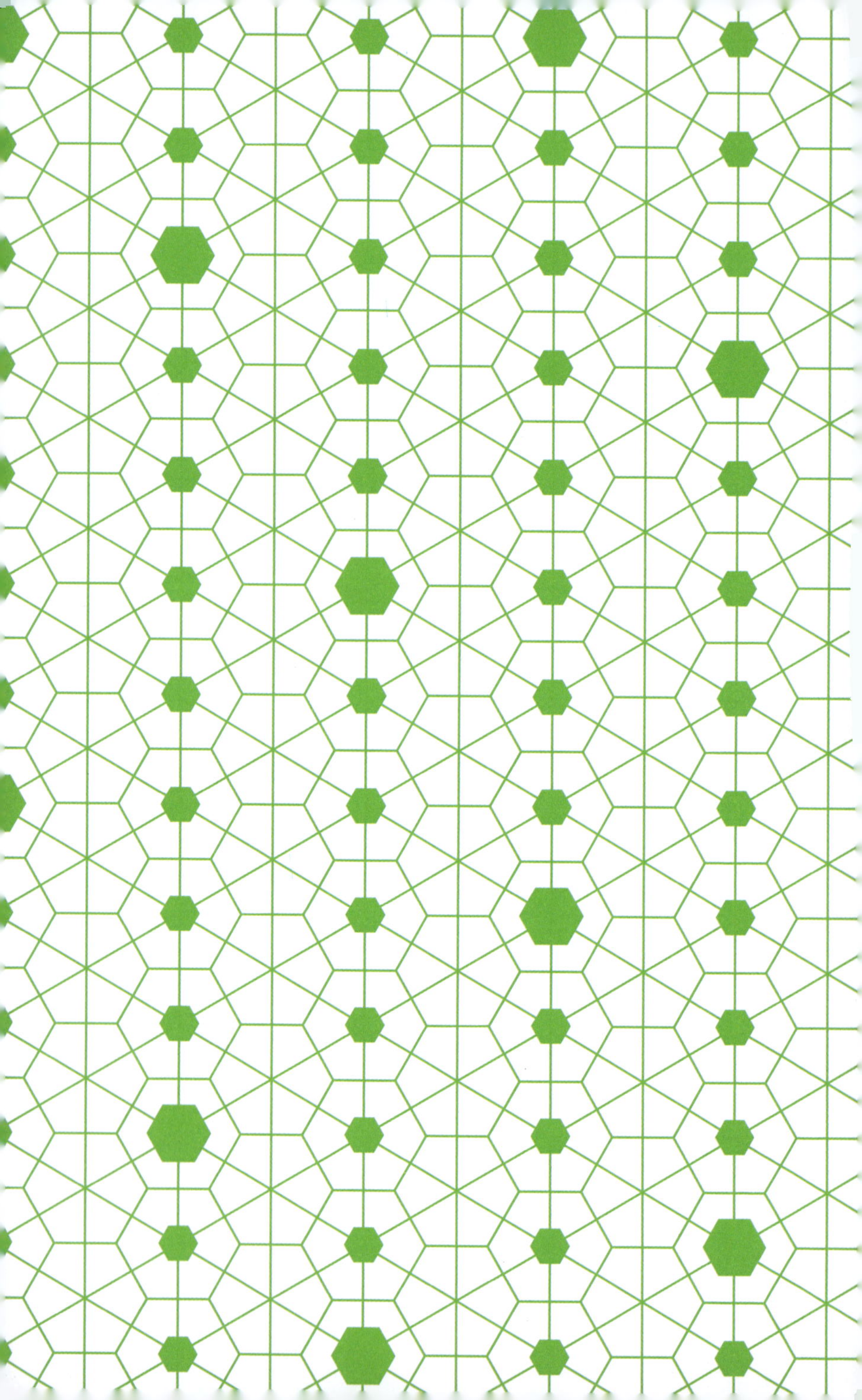